DEUXIÈME RÉPONSE

AUX LIBELLES

SIGNÉS St-GUILY, LOMBARD ET Cie

DEUXIÈME RÉPONSE

AUX LIBELLES

SIGNÉS St-GUILY, LOMBARD ET Cie

PAU

IMPRIMERIE ET LITHOGRAPHIE VERONESE

1874

AUX PART-PRENANTS

DE LA FONTAINE SALÉE DE SALIES EN BÉARN

Messieurs les part-prenants,

Si j'avais suivi le conseil de mes amis, j'aurais intenté une action en diffamation à M. Pierre Saint-Guily, dès la première attaque dont j'ai été l'objet de sa part dans le *Mercure*.

Mais j'ai cru qu'un maire ne devait pas se dérober ainsi à la discussion publique de ses actes, et, voulant profiter de l'occasion pour vous faire connaître la vérité sur vos affaires, j'ai répondu à M. Pierre Saint-Guily.

Sentant combien les procès qu'il vous avait intentés l'avaient perdu dans l'opinion publique, M. Saint-Guily avait essayé d'en rejeter sur moi la responsabilité en m'accusant déloyalement d'en être l'auteur.

Puis, espérant sauvegarder son honorabilité en attaquant la mienne, il avait fabriqué un compte d'où il faisait découler les insinuations les plus perfides.

Tels étaient les deux points principaux du débat.

Sur le premier point, j'ai prouvé, dans la brochure que je vous ai adressée, que je ne pouvais pas être l'auteur des procès, puisqu'ils avaient été engagés bien avant que je ne fusse maire.

J'ai prouvé, en m'appuyant sur le considérant d'un jugement du Tribunal d'Orthez, que M. Pierre Saint-Guily aurait pu, dès le 29 juin 1870, éviter toute contestation ultérieure, en usant de la faculté qui lui avait été accordée par ce Tribunal, *sur sa demande*, de faire les réparations de l'usine à nos frais.

J'ai prouvé, en citant les termes de ce jugement, que tous les prétextes produits par M. Pierre Saint-Guily, pour se justifier de n'avoir pas fait ce qu'il avait sollicité et obtenu de faire, étaient futiles et sans sincérité.

Enfin, j'ai acculé M. Pierre Saint-Guily devant cette transaction consentie par lui, en présence des personnes les plus honorables de la localité, en présence de M. le Sous-Préfet Miquel et de deux avoués, venus tout exprès d'Orthez pour la rédiger.

Abstraction faite de tous autres faits précédents accablant M. Pierre Saint-Guily, a-t-il, oui ou non, rejeté cette transaction qu'il avait solennellement acceptée, cette transaction qui mettait fin à tous les procès?

Si oui (le oui est incontestable et incontesté), M. Pierre Saint-Guily a beau se roidir contre l'évidence, tronquer les textes, intervertir l'ordre des dates, transposer les situations, violer en tous points la vérité, il est irrévocablement condamné devant le tribunal de l'honneur et de la raison.

Il ne peut pas y avoir un homme de bonne foi et de bon sens qui ne lui donne tous les torts.

Et le cynisme avec lequel il additionne les dépenses de toute nature faites depuis la mise en ferme (dépenses de réparations, d'achat de tôles, de reconstruction de chaudières, de procès, etc.), pour en faire ressortir un total qu'il ose mettre à notre charge, ne peut trouver d'excuse que dans le déraillement de son esprit.

Sur le second point, j'ai répondu à M. Pierre Saint-Guily :

« Vous me demandez compte de ma gestion de trois ans et demi ; ce n'est pas à moi seul que vous auriez dû vous adresser, mais bien à toute l'administration de la Fontaine, attendu qu'en fait de comptabilité et en tout, les membres qui en font partie ont les mêmes devoirs et les mêmes priviléges, par conséquent, la même responsabilité que le maire, qui ne peut rien faire isolément (1). Néanmoins, voilà ce qui a été reçu par le receveur, ce

---

(1) Cela est si vrai, qu'un mandat de paiement qui ne serait délivré que par le maire ne serait pas acquitté par le receveur. Pour qu'un mandat soit régulier, il faut qu'il porte la signature de plusieurs administrateurs. Celle du maire n'est pas indispensable.

qui a été dépensé depuis que je suis président de l'administration de la Fontaine, et voilà ce que j'ai laissé en sortant. »

Relativement aux valeurs de la liquidation Pécaut, j'ai dit : Mon administration n'est responsable que de celles qu'elle a touchées. Elle les a comprises dans ses comptes. Quant à celles qui restent à recouvrer, je ne veux pas m'en occuper directement avec vous, M. St-Guily. Pourquoi ? parce que vous n'êtes pas de bonne foi, parce que, si je trouve blanc, vous vous attacherez à trouver noir, qu'alors la lumière ne se fera pas. Mais pour l'obtenir, il y a un moyen certain, c'est d'en référer à un arbitrage. Je vous le propose non-seulement à propos des comptes Pécaut, mais encore à propos de toutes les questions que vous soulevez dans vos écrits diffamatoires.

Acculé contre l'offre de l'arbitrage qu'il a rejetée, comme il avait été acculé pour les procès devant la transaction, il ne restait plus aucune issue à M. Pierre Saint-Guily pour échapper à sa déconvenue et au déshonneur des querelles qu'il avait cherchées. Il n'avait qu'un bon parti à prendre : se résigner et se taire. Mais M. Pierre Saint-Guily est une de ces natures qui ne peuvent pas résister à leurs mauvais instincts et sur lesquelles la raison perd tout son empire devant la moindre contrariété.

Dans un libelle où toute mesure est dépassée, dans un libelle que tout homme qui conserve le moindre respect de soi, aurait rougi de signer (1), au lieu d'essayer d'opposer de bonnes raisons à mon mémoire, ce qui lui était impossible, M. Saint-Guily y répond par des insultes grossières, et esquive les questions les plus essentielles.

Au lieu de consentir à porter la cause devant des arbitres qui l'auraient jugée pièces en mains, et qui auraient, comme je le proposais, fait insérer leur jugement dans le journal qui en avait déjà donné connaissance au public, M. Pierre Saint-Guily réédite ses anciennes accusations sans les appuyer de la moindre preuve. Il revient ridiculement sur ce compte administratif dont j'aurais tour à tour nié et avoué l'existence ; sur ce compte qui existerait en dehors de l'intervention du receveur et à son insu ; sur ces 12 mille francs dont le receveur n'aurait pas dû être déchargé ; sur ce dé-

(1) M. Lombard m'a fait exprimer tous ses regrets à l'occasion de ce libelle.

ficit à justifier qui naguère était de 239,261 fr. 83 c., qui aujourd'hui n'est que de 77,422 fr. 24 c., et produit de nouvelles imputations condamnées à l'avance pour leur invraisemblance et leur absurdité.

Cette fois-ci, il a eu honte, ce qui nous étonne, de reproduire l'insinuation peu déguisée du précédent libelle contre M. Félix Dufourq et nous.

Mais il pousse la hardiesse jusqu'à venir nous donner des leçons de comptabilité, et nous parler de comptes mystérieux, lui que les experts Levy, Darnaudat et Palàa ont pris en flagrant délit d'ignorance ou d'indélicatesse en fait de comptabilité.

C'est à choisir.

Lui, qui a tellement enveloppé ses comptes d'ombre et de mystère, que les experts n'ont pu y rien comprendre, et qu'ils ont dû, privés qu'ils étaient (1) *d'indications même approximatives pour éclairer leur religion, de détails verbaux, de pièces justificatives* à l'appui des dépenses ; qu'ils ont dû, en présence de *l'exagération* du prix de ces dépenses qu'il voulait vous faire payer, Messieurs les Part-prenants, abaisser ce prix de 25 pour cent, tout en faisant remarquer que, malgré cette réduction, certains prix *restaient encore exorbitants*.

Tout comptable peut commettre des erreurs.

Mais coter sur ses livres non pas une fois, mais plusieurs fois, un quart de plus qu'elles ne valaient les différentes fournitures dont on demandait le remboursement, est-ce une erreur involontaire ?

Est-ce encore par erreur que l'on établissait des chiffres tendant à prouver qu'il était dû par les Part-prenants, pour dommages éprouvés, 79,691 fr. 02 c., tandis que les experts n'ont pu évaluer largement ces dommages qu'à 9,852 fr. 68 c., différence 69,838 fr. 34 c.; ce qui, ajouté à ce que les experts ont dû amplement rogner par ailleurs, aurait fait un joli coup de filet, si ces Messieurs se fussent laissé convaincre par les notes *longuement* motivées et mûrement réfléchies, fournies à l'appui de cette honnête demande de 79,691 fr. 02.

Si ce sont là des erreurs, on conviendra qu'elles devaient profiter singulièrement à celui qui les commettait.

Quand M. Pierre St-Guily a sur la conscience de pareilles er-

---

(1) Expressions prises au rapport des experts.

reurs; quand on peut, le rapport des experts à la main, les lui jeter à la face, on conviendra aussi qu'il faut avoir le cœur ceint d'une triple couche d'impudence, ou la raison bien troublée par la haine, pour oser attaquer la comptabilité de notre administration qui, sous le rapport de l'honnêteté et de la sincérité, est irréprochable, et à l'occasion de laquelle M. Pierre Saint-Guily ne peut produire, à notre encontre, que des insinuations perfides, dénuées de tout fondement, et pas un seul fait qui puisse nous profiter de près ou de loin, et trouver la moindre créance auprès de tout homme de sens.

Ayant établi d'une manière incontestable, Messieurs les Part-prenants, dans le premier mémoire que je vous ai adressé, que M. Pierre Saint-Guily est l'auteur de tous les maux dont vous avez souffert, et dont malheureusement vous aurez encore à souffrir;

Ayant mis M. Pierre Saint-Guily au défi de soutenir devant des arbitres les faits qu'il avait si odieusement avancés, ma tâche, la seule que mes opinions sur les devoirs d'un homme public m'engageait à remplir, ma tâche était terminée.

Il ne me restait plus qu'à livrer M. Pierre Saint-Guily au mépris qu'inspirera à tout homme, doué de quelque dignité, son interminable et nauséabond libelle.

Mais cet écrit inqualifiable renferme des imputations que je ne puis passer sous silence.

Je passe sur l'accusation d'avoir toujours agi dans le but d'agrandir mon influence électorale.

Mais, à ce sujet, je ne puis m'empêcher d'exprimer mon étonnement de ce que le *Mercure d'Orthez* ait ouvert ses colonnes à M. Pierre Saint-Guily.

Le *Mercure* sait parfaitement que je suis tout-à-fait étranger à cet article du 21 juillet 1871, qui est le point de départ des calomnies de mon adversaire.

Il sait que je ne suis l'auteur ni l'inspirateur d'aucun des articles qu'il a publiés non-seulement à propos de la candidature de mon fils au conseil général, mais encore à propos d'une élection quelconque.

Sachant cela, il faut être le *Mercure*, le Dieu de l'*auri sacra fames*, pour s'être fait en pareille matière le porte-parole d'un diffamateur.

Est-ce que ce journal en viendrait à résipiscence?

En tous cas, en lui voyant prêter sa cassolette à M. Pierre Saint-Guily pour brûler de l'encens en l'honneur de l'honorable M. Chesnelong ; en laissant parler M. Saint-Guily, à propos du 4 septembre, de l'état de *désorganisation d'alors, du reste d'autorité qui surnageait dans cet immense naufrage, de pouvoirs publics brisés, de loi détruite*, etc, etc., plus d'un lecteur malin se sera demandé quel peut être l'intérêt qui a fait violence au puritanisme du rigide journal.

Mais revenons à notre sujet. Je passe, ai-je dit, sur l'accusation d'avoir toujours agi dans le but d'agrandir mon influence élecrale.

Je ne m'arrête pas non plus à l'accusation d'avoir ameuté la population de Salies, en vue de briser le bail, et pour la satisfaction de mes projets ambitieux et intéressés (1).

(1) Qu'on lise la page 8 de mon premier mémoire aux Part-prenants, en réponse aux diatribes de M. Pierre Saint-Guily On verra qu'il me fait dire, à chaque instant, ce que je n'ai pas dit. On verra que si je voulais essayer de faire rompre le bail notarié, ce n'était pas pour détruire la ferme, mais bien pour la maintenir dans les conditions du cahier des charges qui liait les parties, conditions que M. Saint-Guily a eu le talent de faire changer à son profit et au grand détriment des Part-prenants, comme les événements ne l'ont que trop prouvé, conditions que les mandataires n'avaient pas le droit de changer sans l'autorisation des mandants.

Quand M. Saint-Guily affirme que c'était en vue de mes calculs personnels que j'agissais, il pose une énigme que les gens sensés auront de la peine à deviner. Quel intérêt personnel pouvais-je avoir à ce que le bail fut rompu? Me serais-je intéressé à quelque personne à qui j'aurais pu procurer une position préférable à celle qu'elle occupe? Cela n'est pas d'abord en fait de position ; puis je n'étais pas le maître absolu, j'aurais eu à compter avec mes collègues de l'administration, avec le conseil des notables, — puis encore, je ne suis pas homme à braver, comme M. Saint-Guily, l'opinion publique, ni à m'exposer à donner le droit à qui que ce soit, de me reprocher un acte de favoritisme quelconque.

M. Saint-Guily aide à résoudre une partie de l'énigme en apprenant que je voulais « *avoir en mes mains les puissants moyens d'action sur une* « *population généralement pauvre, que peut donner à celui qui voudrait* « *en user la direction immédiate de la Saline.* »

C'est M. Saint-Guily, directeur de l'usine, qui, en dehors de trois ou quatre personnes qui reçoivent de lui leur pain quotidien, n'est pas capable de trouver le même nombre de partisans parmi les ouvriers de l'usine ;

Je ne parle pas de ce plan machiavélique de campagne préparé de longue-main contre les fermiers; de ce complot qui aurait éclaté *au coup de foudre du 4 septembre* sans un ordre mal donné ou mal compris; des malheurs effroyables qui auraient fondu sur

c'est M. Pierre Saint-Guily qui est la cause, parce qu'il employait en leur faveur *tous les puissants moyens d'action* que donne la *direction immédiate de la Saline*, que quelques hommes les plus recommandables de la localité, sous tous les rapports, n'ont pu arriver au conseil municipal, c'est M. Pierre Saint-Guily qui ne craint pas de parler ainsi!

Quand M. Pierre Saint-Guily, avec son aplomb imperturbable, vient encore dire que le public avait appris avec effroi qu'on poursuivait la résiliation du bail, il dit sciemment l'inverse de la vérité.

M. Saint-Guily a tellement gagné, par ses agissements, l'affection de ses compatriotes que sur dix il y en a au moins huit qui, livrés à leurs propres inspirations, consentiraient aux plus grands sacrifices pour être débarrassés de sa personne. — Il est vrai qu'au début de nos différends, cédant à la pression publique, nous avions demandé la résiliation du bail, faute de paiement des termes échus, croyant que la résiliation entraînait pour M. Saint-Guily, en faveur des Part-prenants, la perte de son cautionnement. Mais après avoir pris d'autres conseils desquels il résultait que cette solution n'était pas certaine, nous ne persistâmes pas dans notre demande. A qui M. Saint-Guily, plus initié que le plus retors des procureurs dans les arcanes de la chicane et de la procédure, fera-t-il croire qu'il a pu être la dupe d'un tour de procédure? — Si, à cette époque, M. Saint-Guily eût voulu la résiliation, il nous aurait pris au mot. — Mais la trame dans laquelle il voulait nous envelopper n'était pas encore assez bien ourdie. Voilà l'explication de ce tour de procédure qu'il s'est laissé jouer; comme l'explication de la saisie qu'il a laissé faire est non pas *dans une formule à l'usage des naïfs à laquelle son avoué se serait laissé prendre*, mais bien dans la situation où se trouvait Rabelais, chaque fois qu'il fallait payer. On dirait à entendre ce pauvre débiteur naïf que c'était la première fois qu'il se trouvait dans cette passe, et que son expérience en pareille matière était à faire. — M. Pierre Saint-Guily fait erreur lorsqu'il prétend qu'aussitôt après le prononcé de la Cour, il a payé tout ce qu'il devait, — c'est plusieurs jours après qu'il aurait dû dire. Quant à ce compte de frais à répéter dont il parle, je n'ai rien eu à démêler avec lui personnellement. Je ne lui avais donc fait aucune promesse. L'un des adjoints lui avait dit de produire ce compte. — Ce compte n'arrivant pas malgré le large délai moral accordé, et 17,502 fr., montant du trimestre dû, ne produisant aucun intérêt entre les mains de M. Saint-Guily, nous lui signifiâmes un commandement. — Il aurait eu le temps, au moins après le commandement, de présenter son compte, ou de notre pauvre ville, sans l'intervention des brigades de gendarmerie de Sauveterre, de Puyoo et d'Orthez qui n'ont jamais vu l'ombre d'un rassemblement.

En lisant toutes ces inventions, vous avez été stupéfaits, Messieurs, de l'audace de leur auteur ou vous avez eu pitié de sa démence.

Vous me trouveriez aussi ridicule de les réfuter que je le serais de soutenir que je ne suis pas borgne, s'il eut plû à M. Pierre Saint-Guily de me traiter de borgne.

Ce que je ne crois pas devoir passer sous silence, c'est l'accusation de ce paragraphe du libelle que je transcris textuellement :

« Est-ce qu'à propos de fagots, il n'est pas licite, pour les
« besoins de sa cause et pour perdre son adversaire dans l'estime
« publique qu'il a acquise par une pratique irréprochable de toute
« sa vie d'homme, est-ce qu'il n'est pas licite, disons-nous, d'in-
« venter des rapports qui n'existent pas ? d'attribuer à cet adver-
« saire, lorsqu'on a en main la preuve du contraire, une détention
« de livres comptables, des enlèvements de feuillets, un refus de
« communication, qui sont des actes de malhonnêteté en même
« temps que le fait de l'administration qu'a présidée M. Pomier...
« et le docteur Pomier est-il blâmable, lui qui est sans reproche,
« d'avoir inventé cette calomnie ? »

Je réponds catégoriquement que je n'ai inventé aucun rapport ; que ceux que j'ai cités sont en mes mains ; que je suis prêt à les produire ; que ces rapports ou notes émanant de feu M. Danty et de M. le commissaire de police font mention de la détention de livres comptables, comme il a été dit dans le premier *Mémoire* que je vous ai adressé, et d'enlèvement de feuillets d'un registre consacré uniquement à l'article Bois ; que ces rapports parlent d'un compte-rendu sur la quantité de bois laissée à l'usine, alors seulement que le bois avait été brûlé, malgré qu'on eût fait de pressantes instances pour avoir plus tôt le dit compte, et alors

nous prévenir qu'il nous l'enverrait. — Il ne le fit pas. — Force nous fût dès lors de faire une saisie. — C'était de la prudence, c'était le devoir. Pour M. Pierre Saint-Guily, *c'est un stigmate de déloyauté et d'arbitraire*. On jugera s'il eut mieux valu lui laisser la douce habitude de garder indéfiniment nos fonds.

qu'il était par conséquent impossible de refaire l'expertise qui avait porté la quantité de bois à 46,997 fr. 11 cent.

Ces faits, comme dit avec raison, cette fois-ci, M. Pierre Saint-Guily, sont des actes de malhonnêteté.

Mais s'il croit qu'ils ternissent la blancheur immaculée de toute sa vie d'industriel et d'entrepreneur de travaux publics, pourquoi n'a-t-il pas osé les soumettre au jugement d'un jury d'honneur ? C'eut été bien plus simple et surtout plus probant que d'en nier l'existence et de crier hypocritement à la calomnie.

Plutôt que d'ergoter à propos de la note émanant de l'usine et portant la valeur des sacs et saches à 28,445 fr. 60, il eût été bien plus simple aussi de me mettre devant ce jury en demeure de produire cette note qui porte cette mention : Inventaire des existences et soldes débiteurs et créditeurs des salines de Salies et d'Oràas au 4 janvier 1869 (1).

Enfin plutôt que de noircir 32 colonnes de l'impartial *Mercure*, de faits diffamatoires et de mensonges de plus en plus audacieux, n'eût-il pas été plus sûr de faire constater par les arbitres que ces faits n'étaient pas diffamants ; que ces mensonges n'étaient pas des mensonges ; qu'on n'était enfin ni un diffamateur, ni un menteur.

Mais une manière aussi simple d'établir de quel côté était la vérité, ne pouvait pas être du goût de M. Pierre Saint-Guily.

Quand on a intérêt à s'entourer d'obscurité, on fuit naturellement la lumière.

Accuser avec audace, toujours accuser, quelque invraisemblable, quelque absurde que soit l'accusation, voilà sa méthode.

Comme Basile, son maître qu'il surpasse, M. Pierre Saint-Guily pense qu'il en restera toujours quelque chose, et il se donne carrière.

Sentant le tort moral que l'enlèvement de deux feuillets au carnet d'empilage du bois fait à sa cause, il ose accuser de ce fait l'administration dont j'ai été le Président.

Je répondrai d'abord que cet enlèvement de feuillets a eu lieu avant que je ne fusse Maire, et que je fisse partie de l'adminis-

---

(1) Cette note n'est pas signée, mais l'écriture est celle bien connue d'u[.] employé de l'usine.

tration que j'ai présidée pendant quelques jours ; que, dès-lors, il ne peut pas m'être attribué.

Je demanderai ensuite à M. Pierre Saint-Guily, si, quelque osés ou quelque halluciné qu'il puisse être, il peut se faire illusion au point de penser que tout homme, ayant un grain de bon sens, pourra croire, sur son affirmation, que l'ancienne administration de la Fontaine qui avait intérêt à prouver que la quantité de bois, mentionnée par les experts existait réellement, s'en fût ôté le moyen en enlevant des feuillets d'un registre qui seul pouvait mentionner avec certitude, comme je vous l'ai expliqué, dans mon précédent mémoire, les quantités de bois empilées.

L'enlèvement des feuillets nuisait à l'administration, profitait à ses adversaires, c'est dire, en s'en rapportant à l'axiome juridique, où est le coupable.

M. Saint-Guily m'accuse encore d'avoir voulu lui cacher l'existence de la sentence arbitrale et cette promesse de quitus que l'ancienne administration avait faite au gérant sous enveloppe cachetée et sous promesse que la sentence serait tenue secrète jusqu'après le prononcé de l'arrêt de la Cour.

Ces faits (sentence arbitrale, promesse de quitus), ne se sont pas passés sous mon administration, et ne peuvent m'être imputés. Je ne les ai connus, hélas ! que lorsqu'il était impossible d'en conjurer le danger. Ils sont au reste rapportés inexactement par M. Saint-Guily. Ce n'est pas la sentence arbitrale qu'il s'agissait de tenir secrète, mais bien la promesse de quitus. Cette sentence rendue le 21 mars 1870, enregistrée à Pau le 1er avril suivant, comme nous l'apprend M. Saint-Guily, ne pouvait pas être tenue sous le boisseau le 30 juin 1870, jour où l'ancienne administration signa cette promesse de quitus, contrairement aux données les plus élémentaires de la prudence, contrairement au conseil de M. Soulé qui lui avait tracé la marche à suivre (1), et cela, parce que, comptant sur une parole donnée, elle croyait le faire sans péril.

Le secret a été violé avant le prononcé de l'arrêt, ce n'est pas certainement par ceux qui avaient eu la candeur de se fier à la parole donnée, et qui avaient intérêt à ce qu'il fut gardé.

De là, grâce à la manière dont le fait a été exploité contre nous, pauvres victimes ; de là, le peu de confiance et de sympathie dont

---

(1) Rapport du commissaire de police.

nous avons joui auprès de la Cour, ignorante des circonstances de cette triste affaire.

De là, la perte de la somme de 33,356 fr. 89 cent. que nous avons subie, Messieurs les Part-prenants, sur les existences livrées à M. Pierre Saint-Guily.

Puisque M. Saint-Guily a eu le triste courage de remuer cette affaire, laissons-lui en respirer, sans vergogne, la mauvaise odeur. Il y a eu une défaillance, ne cherchons pas de quel côté elle vient, ne fouillons pas là-dedans ; cela ne servirait à rien, passons vite, mais vite protestons contre l'impudence de M. Pierre Saint-Guily qui m'accuse d'y avoir joué un rôle. Comment, l'aurais-je pu, puisque à cette époque, 30 juin 1870, je n'étais absolument rien à l'administration dont je ne faisais pas partie.

Sous l'influence du démon qui le possède, de quoi m'accuse-t-il encore cet implacable Pierre Saint-Guily ? Ah ! j'ai fait perdre à la ville une ressource de 17,000 fr. par ma négligence (1).

Sous mon administration, il n'a été rien fait, plus de cent administrés dans une pétition au conseil municipal l'ont constaté (2).

(1) La ville avait été obligée de contracter un emprunt pour subvenir aux frais d'habillement et d'armement des mobilisés. Plus tard, l'Etat ayant pris cette dépense à sa charge, et la restituant aux communes par annuités, je n'ai pas cru devoir insister auprès du conseil municipal pour le maintien de tous les centimes additionnels qu'il avait fallu voter pour amortir la dette et en payer les intérêts, et je lui ai laissé, à cet égard, toute initiative et toute liberté d'action. Je ne pense pas que les contribuables de la commune qui auraient dû payer ces centimes m'en feront un reproche.

(2) Vous savez, Messieurs les Part-prenants, de quoi il s'agit ici : le mois de mai de l'an de grâce 1874, une idée saugrenue a traversé la cervelle de deux ou trois messieurs. Tandis que faute de ressources, la commune ne peut pas exécuter les travaux d'assainissement et de réparations urgentes, ces Messieurs ont conçu le projet de construire un boulevard. C'est assurément une belle pensée : elle ne présente que le léger défaut d'exiger des sommes considérables pour acquisition de terrains, etc., etc., et d'être une des dernières auxquelles il faudrait s'arrêter si on nageait dans l'or. — Est-ce avec l'argent de la Fontaine, cette pauvre vache à lait que l'on voudrait bien vous enlever, Messieurs les Part-prenants ? Est-ce avec l'argent de la commune qui est obligée de s'imposer des centimes pour subvenir insuffisamment à ses dépenses obligatoires que le projet aurait été mis à exécution? C'est avec l'un et l'autre. On aurait commencé avec celui de la Fontaine, puis, la commune ne pouvant absolument rien fournir, on vous au-

Je me suis opposé à tous les progrès. Je lui ai défendu d'arranger à ses frais le chemin de Carsalade.

Pour combler la mesure, je n'ai pas proclamé les merveilles de ce puits qui d'abord, vous l'avez entendu dire, a fourni du pétrole, puis une eau avec laquelle on pouvait faire du savon, vous l'avez tous entendu dire aussi; puis enfin une eau guérissant tous les maux. Heureux M. Lombard ! heureux associés de M. Saint-Guily ! Que vous devez vous féliciter de vous être laissé entraîner dans cette belle entreprise de Carsalade ! Bien des écus sont tombés au fond de ce puits, dit-on ; — mais ne craignez rien, les goutteux notamment que Carsalade guérit vous les rendront au centuple.

Dans ce dédale d'accusations où l'on se perd, je crois bien que M. Saint-Guily dit quelque part que je voulais prendre des fonds en dehors du receveur. — Je lui oppose, à cet égard, un démenti formel. — Jamais, en aucune occasion, je n'ai voulu prendre un centime en dehors du receveur; et M. Saint-Guily ne réussira pas à le faire croire à qui que ce soit à Salies.

Il faut avoir l'audace de M. Pierre Saint-Guily pour articuler un fait semblable — et pour le faire suivre de ces mots : « Et voilà « pourquoi le receveur a reçu cette partie des valeurs de la liquida-« tion Pécaut, tandis qu'il n'a pas reçu les autres. » Qui donc a reçu les autres si ce n'est le banquier, M. Pécaut, et en définitive, le receveur ? c'est ce qu'il faudrait dire !

Chargé par l'administration de suivre les procès, je devais demander le paiement de ce qui nous était dû ; ce n'était pas évidemment pour le recevoir de mes mains. — Cela est si vrai (mais qui en doute à Salies?) cela est si vrai que le receveur était là, comme pourront l'attester M. Chibas, Beigtbeder et Dacharry, pour

rait prouvé comme deux et deux font quatre que la vache à lait, c'est-à-dire la Fontaine, devait supporter tous les frais. Voilà donc qu'on se met en campagne pour recueillir des signatures ; on arrêtait les passants. Voulez-vous que le Pactole coule dans vos murs? Signez cela. — M. Pierre Saint-Guily en personne entrait chez les ouvriers de l'usine pour quémander des signatures qu'ils se seraient bien gardé de refuser, — ils auraient appris à leurs dépens ce qu'il en coûte de s'exposer à son ressentiment. Enfin, cette pétition arrive au conseil municipal qui s'est empressé d'en reconnaître l'extravagance et d'en renvoyer l'examen aux calendes grecques.

Voilà comment M. Saint-Guily écrit l'histoire ; voilà comment il a été constaté que, sous mon administration, il n'a été rien fait.

prendre et donner quittance du capital de 39,000 f. auquel M. Saint-Guily, avait eu la bonne fortune de faire réduire sa dette de 72,579 fr.

C'est ce capital que, pour une raison qu'il serait trop long de mentionner, nous avions refusé de laisser prendre, et que M Saint-Guily avait placé à la caisse des dépôts, dans le seul but de nous faire dépenser de l'argent et de nous jouer auprès de la Cour un tour de sa façon. — Mais auparavant, M. Saint-Guily avait trompé la Cour en lui demandant de valider le dépôt de 64,862 fr. qui n'existait pas, et l'autorisation de le retirer de la caisse des consignations où il n'était point. — Ainsi, nous ne pouvons faire un pas sans nous heurter à ses machinations. Mais abrégeons.

Ne rougissant d'aucun mensonge, ne reculant devant aucune audace, M. Pierre Saint-Guily écrit dans son libelle (page 5) :
« Voyez-le, dans son dernier écrit, se vanter de ce que, depuis deux
« mois, c'est-à-dire depuis la publication de notre lettre, pendant
« tout le temps qu'il a gardé le silence et qu'il a vainement cher-
« ché sa justification, se vanter, disons-nous, de ce que l'adminis-
« tration remplaçante n'a pas bougé pour chercher à connaître
« ce qu'il y avait de fondé dans nos allégations, se vanter aussi
« de ce que le Sous-Préfet et le Préfet dont c'est le droit et le
« devoir, dit-il, de contrôler la comptabilité de la Fontaine, n'ont
« pas donné signe de vie, et conclure triomphalement, avec une
« logique spéciale à son usage, à l'imposture de nos allégations,
« tandis que la vérité est que le nouveau maire n'a pu obtenir de
« M. Pomier, malgré de pressantes instances, ni le compte admi-
« nistratif dont il niait d'abord l'existence, dont il avoue la
« nécessité aujourd'hui, ni la remise des pièces nécessaires qu'il
« détenait encore indûment le 11 juillet courant pour règler les
« affaires en souffrances, et se faire une idée vraie de la situation. »

Et plus loin : « Est-ce qu'en refusant de fournir ce que nous
« avons appelé le compte administratif et les pièces comptables
« qu'il détient indûment en forçant à l'inaction et au silence, faute
« de documents, l'administration remplaçante, le Sous-Préfet et le
« Préfet, le docteur Pomier ne peut pas se vanter auprès des
« Part-prenants d'une approbation tacite de sa conduite adminis-
« trative sans encourir le blâme pour cette mystification ? »

Vous avez bien lu, Messieurs les Part-prenants, c'est parce que j'aurais refusé de fournir ce que M. Pierre Saint-Guily appelle un compte administratif et les pièces comptables, que je détenais indûment, que M. le Préfet, le Sous-Préfet et l'administration auraient été réduits à l'inaction et au silence.

Ainsi, s'ils n'avaient pas pris M. Pierre Saint-Guily pour un imposteur, indigne de toute créance, MM. le Préfet et le Sous-Préfet dont je réclamais l'intervention dans mon précédent mémoire (page 20), n'auraient pas trouvé les moyens de me forcer à rendre les pièces que j'aurais indûment retenues, et auraient attendu patiemment qu'il me plût de m'en dessaisir !

Avancer une pareille ineptie, une pareille énormité, c'est, en vérité, compter beaucoup trop sur la simplicité des lecteurs.

Mais voyons ce qui en est :

Le 12 juin 1874, M. le Maire de l'ordre moral m'a écrit ce qui suit :

« Monsieur,

« D'après une lettre de M. Soulé et l'inventaire de M. Lasserre, des pièces relatives au procès contre la compagnie première (dont copie vous est envoyée) vous êtes détenteur de cent vingt-trois de ces susdites pièces.

« J'ose esperer que l'erreur que vous avez commis (sic) en ne remettant que deux lettres à M. Larrouy sera reconnue par vous et que vous voudrez bien nous faire remettre immédiatement le complément de notre dossier.

« Le maire, président de la commission
« administrative de la Fontaine,

« C. MONDRAN. »

On voit qu'il ne s'agit, dans la lettre de M. le Maire, ni de compte administratif ni de pièces comptables, mais tout simplement de pièces de procédure dont on avait seulement besoin, comme on s'en convaincra plus loin, pour régler un compte de dépens de procès de 2 à 4,000 fr., présenté par M. Saint-Guily avec la bonne foi qui le caractérise, compte qui aura à subir de notables réductions.

Réponse à la lettre de M. le Maire :

« Monsieur,

» Je ne sais pas de combien de pièces se compose le dossier qui m'a été remis par M. Soulé.

« Je ne me suis pas occupé à les compter. Le dossier, que je n'ai aucun intérêt à garder, est à Pau, chez mon fils, où je l'ai laissé.

« Mon fils est en ce moment à Paris. Il y restera 8 à 15 jours.

« A son retour, le dossier vous sera adressé. Si, par cas, vous avez besoin, en attendant, de quelques renseignements, je ferai appel à ma mémoire pour vous les fournir.

« Quoiqu'il paraisse que la mode de saluer en finissant une lettre soit passée, fidèle aux traditions de la politesse, j'ai l'honneur d'être, Monsieur le Maire, votre empressé serviteur.

« Dr H. POMIER.

« Salies, 15 juin 1874. »

Mon fils étant arrivé avant le terme fixé, je fis savoir à M. le Maire que je tenais le dossier à sa disposition.

M. le Maire ne me fit pas de réponse. Ce ne fut que le 18 juillet que M. Lasserre, avoué de l'administration de la Fontaine, vint le prendre, en son nom, et m'en donna récépissé.

Ce retard prouve combien M. le Maire, dont M. Pierre Saint-Guily a éprouvé la bienveillance, était empressé de se faire une idée vraie de la situation dans le sens indiqué par ledit Saint-Guily.

Mais l'administration remplaçante aura-t-elle pris la chose plus à cœur?

Voyons.

Les soussignés, membres de la commission administrative de la Fontaine salée de Salies, déclarent : 1° que les pièces de procès réclamées à M. Pomier n'ont absolument aucun rapport avec les comptes de la liquidation Pécaut; qu'elles ne sont d'aucune utilité pour se faire, comme le dit M. Pierre Saint-Guily, une idée vraie de la situation que M. Pomier a parfaitement établie dans son exposé aux Part-prenants; que ces pièces lui ont été demandées par leur avoué uniquement pour régler un reliquat de compte de dépens de procès;

2° Que, loin de demander compte de sa gestion à M. Pomier, ils acceptent la solidarité de tous les actes délibérés sous sa présidence et se réunissent à lui pour défier M. Saint-Guily de prouver devant des arbitres ou toute autre juridiction que, depuis leur nomination comme administrateurs, il ait été commis un acte quelconque qui puisse, de près ou de loin, atteindre l'honorabilité de M. Pomier et la leur.

Salies, le 24 août 1874.

Ont signé : MM. Bétat et Dufourq, adjoints, MM. Decharry, commissaire de police, Baptiste Soubré, Lapouble Bouyé, Laclau, administrateurs.

Eh bien, M. Pierre Saint-Guily ! que devient votre assertion à l'endroit de l'impossibilité d'agir où le refus de rendre les pièces nécessaires aurait mis M. le Préfet, M. le Sous-Préfet et l'administration remplaçante ?

Pour vous donner le coup de grâce, je devrais peut-être transcrire la lettre flatteuse que m'a écrite M. le Préfet en m'accusant réception de mon précédent mémoire.

Mais en voilà bien assez, je pense, pour vous faire baisser la tête, si vous êtes susceptible de la baisser.

Parmi les membres de l'administration actuelle, il y en a un qui a assisté à tous les faits qui se sont passés sous l'administration Despeaux. Il pourra dire si j'ai altéré la vérité en avançant qu'au moment de passer l'acte public, vous ne soufflâtes pas un mot sur le bien ou mal fondé de la dette de 72,579 fr. que vous deviez payer en le signant.

Or, à cette époque, vous deviez être parfaitement fixé sur la situation, puisque vous aviez à votre disposition tous les registres qu'on avait laissés à la fabrique (1).

Au lieu de vous expliquer, vous prétextez seulement que votre banquier n'avait pas pu vous procurer l'argent nécessaire pour payer et vous demandez un délai de dix jours. Ce ne fut qu'à l'expiration de ce délai que vous élevâtes toute sorte d'objections, de difficultés sur la quotité de la dette, sur les objets portés en compte, et que, faute de paiement, vous forçâtes l'administration à vous faire un procès. L'adjudication de la ferme vous fût donnée le 1er août 1868, le bail à ferme fut passé le 15 octobre 1868. Dans l'intervale de deux mois et demi vous auriez pu parfaitement vous procurer les fonds nécessaires pour vous acquitter. D'ailleurs, il n'y a qu'à consulter le bureau des hypothèques de Pau, pour se convaincre que vous savez ce que vous avez à faire, quand vous avez besoin d'argent ou de crédit.

Quant aux autres faits, ils ont des répondants au sein de l'administration actuelle pour toutes les périodes où ils ont eu lieu, pendant que j'étais Maire.

(1) Note Danty.

C'est donc avec raison que cette administration a pu accepter la solidarité de tous les actes délibérés sous mon administration.

Le gant vous est jeté, M. Pierre Saint-Guily. Voyons, relevez-le. Laissez-là les phrases, les échappatoires, abordez franchement la véritable question et venez prouver qu'il y a eu quelque malversation. Sinon, il n'est pas un seul honnête homme qui ne vous méprise, comme tout homme sachant qu'il accuse à faux et qui accuse néanmoins cédant aux ignobles penchants de son âme, mérite d'être méprisé. Vous dites, Monsieur, que vous n'avez pas à rechercher s'il y a malversation, que tout cela regarde les Part-prenants et non pas vous; mais vous êtes Part-prenant, et le seul Part-prenant accusateur, qui plus est ; votre honneur vous fait donc un devoir de prouver que vous n'avez pas accusé sans raison, que vous n'êtes pas, en un mot, un calomniateur.

« Reste toujours, dites-vous, ce fait extérieur et certain, c'est
« qu'il reste un déficit à justifier de 77,422 fr. 24 c. Eh bien ! c'est
« faux. Si déficit il y avait, il ne pourrait pas être de 77,422 fr.
« 24 c. »

Mais il n'y a pas de déficit dans la vraie acception du mot. Qu'est-ce qu'un déficit en effet ? C'est ce qui manque de valeurs quelconques reçues, et j'ajoute ce qui manque frauduleusement. Il ne s'agit ici que des créances laissées par feu M. Pécaut. En manque-t-il quelqu'une ? Non. Les unes ont été livrées à M. Lafont pour en faire le recouvrement ; les autres ont été recouvrées en partie par M. Pécaut et M. Danty, le receveur. Aucune ne manque à l'appel. Les comptes du receveur mentionnent ce que M. Lafont, ce que M. Pécaut, ce que lui-même a recouvré. Quant aux créances irrécouvrées ou irrécouvrables, on les a sous la main. On en trouve l'énumération dans la sentence arbitrale. Où est donc le déficit ? Qu'est-ce qui manque ? Qu'est-ce qui a été détourné ? Qu'est-ce qui a été soustrait ? Rien absolument. Argent reçu par le receveur, par M. Lafont sous l'administration précédente, et sous la mienne, créances à recouvrer, tout peut être représenté. Où est donc le déficit ? Est-ce qu'il y en a, je le répète, dans la véritable acception du mot. Oui, il reste encore les créances irrécouvrées et irrécouvrables. Mais, en conséquence, peut-on le reprocher à l'administration qui les a reçues, et qui voulait les laisser pour compte au gérant, comme nous l'apprend la sentence arbitrale ? Peut-on le reprocher surtout à mon administration qui est arrivée longtemps après, dans les temps et les conditions les plus difficiles comme je l'ai expliqué dans mon précédent mémoire, et qui n'a trouvé que le rebut de ces créances?

Si M. Pierre Saint-Guily ne prouve pas qu'un seul centime de l'argent provenant des créances Pécaut qui sont seules en question, ait été déverti par nous, qu'une seule de ces créances ait disparu par notre fait, il ne lui restera aux yeux de tout homme de bonne foi, à propos de cette odieuse querelle sur le prétendu déficit, que la honte de l'avoir soulevée sans avoir eu le courage de la soutenir devant un jury d'honneur ou devant toute autre juridiction.

J'ai dit pourquoi, malgré l'humiliation que j'éprouve d'avoir affaire à un homme tel que M. Pierre Saint-Guily, je me suis décidé à répondre à son indigne libelle.

Il me reste à faire savoir pourquoi je réponds si tard, et pourquoi ma réponse au lieu de paraître dans le journal qui a si complaisamment inséré l'attaque, est produite en brochure.

Les personnes qui ont lu le libelle ne se douteront pas certainement, tant le déni de justice est flagrant, que le *Mercure* ait refusé d'insérer la défense.

A la fin du mois d'août, j'ai fait proposer à l'un des membres du comité de rédaction du journal de soumettre à deux hommes de loi la question de savoir si la raison donnée pour le refus d'insertion était valable. Ce membre du comité s'est dérobé en me renvoyant à la gérance, à une gérance tombée en quenouille qui, à son tour, m'eût renvoyé au comité. J'avais pris le parti de m'adresser aux tribunaux, mais cédant aux considérations que font valoir mes amis, en présence d'ailleurs des ennuis et des longueurs d'une contestation judiciaire, je me décide à en appeler à l'opinion publique.

Je viens lui demander ce qu'elle peut penser d'un journal qui se dit républicain, et qui laisse attaquer sans protester et sans vouloir laisser protester, l'élection la plus libre, la plus dégagée d'intrigue et de toute pression qui ait porté au Conseil général un représentant de cette république protectrice de tous les intérêts légitimes, ouverte à tous les concours sincères, de cette république qu'accepteront, dans la situation actuelle, tous les hommes véritablement amis de leur pays.

Je viens lui demander encore ce qu'elle peut penser d'un journal qui, après avoir combattu les agissements du gouvernement de combat, qui, après avoir écrit un article élogieux que je ne lui avais certainement pas demandé, à propos de ma révocation, me laisse ensuite traîner aux gémonies par un homme sans foi politique, dépourvu de toute pudeur, de toute dignité, comme cela appert de son libelle, et qui après avoir servi à ses abonnés 32 colonnes d'injures grossières et diffamantes me refuse de leur transmettre quelques explications (1).

L'opinion publique prononcera certainement le jugement sévère qu'a porté lui-même l'un des rédacteurs du journal, incontestablement le plus recommandable sous tous les rapports, dans deux lettres privées qu'à ce titre je ne crois pas convenable de reproduire.

En me révoquant, le Sous-Préfet a frappé un adversaire politique. Si c'est la générosité dans l'acte et la manière dont il a été accompli qui a manqué, ce n'est pas du moins la logique. M. le Sous-Préfet ne m'a pas fait l'injure de soupçonner un instant ma probité administrative et de s'arrêter aux suggestions odieuses de M. Pierre Saint-Guily. Il n'a pas cherché à m'atteindre dans mon honorabilité.

C'est, par contre, ce qu'a laissé faire un journal posant pour l'austérité des principes républicains, en servant de truchement à M. Pierre Saint-Guily et en laissant, d'un autre côté, tirer sur son drapeau.

Faut-il maintenant que je réponde à cette phraséologie creuse relative à la *communalité* de la Fontaine salée ? Je voudrais pour le faire avec le soin et le développement que cette thèse comporte rencontrer un adversaire plus calme et moins déloyal dans la discussion que M. Pierre Saint-Guily. En présence des affirmations tendant à prouver cette communalité, affirmations assaisonnées de personnalités dont M. Saint-Guily est incapable de se sevrer, je ne crois pas néanmoins devoir laisser passer, sans mot dire, les erreurs qui en découlent. Je n'ai besoin pour les dissiper que de citer l'arrêt suivant du Conseil d'Etat du roi, extrait des registres du Conseil d'Etat du 12 décembre 1739 :

« Le roi étant informé qu'il s'est émis plusieurs contestations
« entre les jurats de la ville de Salies, en Béarn, et les Part-pre-
« nants à la Fontaine salée de la dite ville, concernant l'adminis-

---

(1) Ma réponse qui était autre que celle-ci, n'aurait pas même occupé deux colonnes.

« tration de la dite Fontaine, lesquelles auraient donné lieu à diffé-
« rents arrêts du parlement de Navarre, et à l'arrêt du conseil du
« 24 mars 1738, qui évoque, au parlement de Bordeaux, une déli-
« bération des Part-prenants, du 26 juillet 1736, ce qui jette cette
« communauté dans des procédures et dans des frais, qui, dans la
« suite, causeraient la ruine des habitants, dont la division a fait
« naître, encore en dernier lieu, de nouvelles contestations qui
« forment plusieurs instances criminelles jointes aux civiles; et sa
« majesté désirant mettre le repos et la tranquillité dans la dite
« ville, elle s'est fait représenter le règlement du 11 novembre
« 1587, qui contient neuf articles des arrêts du parlement de Na-
« varre du 14 décembre 1627, 6 mai 1662 et 21 février 1674, et
« l'arrêt du conseil du 13 août 1719, à la vue desquels étant plei-
« nement instruite que la dite Fontaine d'eau salée n'est pas un
« bien appartenant à ladite communauté, mais seulement à un cer-
« tain nombre de familles domiciliées dans la dite ville, elle a jugé
« à propos de faire un règlement qui, en déterminant la nature de
« ce bien et en assurant l'administration, puisse prévenir à l'ave-
« nir toutes contestations, et mettre en état de déterminer celles
« qui se sont levées à cette occasion. ».

Suit le règlement dont l'article vi, sur lequel M. Saint-Guily s'ap
puie, est ainsi conçu :

« Les charges locales seront payées pareillement chaque année
« sur les revenus de la Fontaine d'eau salée ainsi qu'il s'est prati-
« qué jusqu'à présent, après toutefois que lesdites charges locales
« auront été fixées au conseil, sur l'avis du sieur intendant et
« commissaire départi, à l'effet de quoi les jurats de la ville de
« Salies remettront incessamment audit sieur intendant et com-
« missaire départi, un état des dites charges ordinaires et an-
« nuelles. »

Conclure de cet article que par charges locales on entend toutes les charges de la commune, c'est abuser des mots.

Par charges locales, le règlement entend les charges afférentes à la Fontaine seulement.

Ce qui le prouve, c'est l'article vii qui défend expressément aux receveurs, syndics et administrateurs de la Fontaine *de confondre les revenus de la Fontaine avec les revenus communs de Salies;*

C'est l'article viii qui ordonne que les comptes des revenus communs seront rendus séparément de ceux de la Fontaine.

Pourquoi cette distinction des revenus, cette séparation des comptes si la Fontaine eût eu un caractère communal et si elle eût dû subvenir aux mêmes dépenses que la commune.

Si la Fontaine eût dû payer des charges locales autres que celles qui lui incombent en sa qualité de propriété privée ; si elle devait payer les charges de la commune, et si les Part-prenants n'avaient droit qu'à ce qui resterait, comme on le prétend, cette propriété que l'arrêt du Conseil d'Etat déclare appartenir seulement à *un certain nombre de familles*, serait une propriété tout à fait illusoire pour elles. Il dépendrait d'un maire imbu des idées de M. Pierre Saint-Guily de frustrer ces familles de tous revenus en créant des nécessités communales auxquelles il les appliquerait. Aujourd'hui ce serait pour un boulevard, demain pour toute autre création tout aussi fantaisiste.

Ce seraient donc un certain nombre de familles reconnues propriétaires de la Fontaine à l'exclusion, d'après les règlements, de toutes celles non issues des familles aborigènes ou qui viendraient s'établir dans la commune, qui paieraient pour ces dernières.

Ce serait contraire à la pratique, à la raison et à la justice.

Comment peut-on attribuer un caractère communal à la Fontaine, quand, depuis des siècles, elle vote elle-même ses dépenses en dehors de l'intervention de la commune qui n'a absolument aucun droit de contrôle ?

Assurément, au début, lors de la prise de possession des lieux, la Fontaine fut le bien commun des premiers occupants ; plus tard de nouveaux arrivants survinrent. On voit avec quel soin jaloux le règlement de 1587, qui a fait loi jusqu'à ce jour, les exclut du partage. N'est-ce pas là la condamnation de *la communalité* ?

Les faits rapportés par M. Saint-Guily à l'appui de sa thèse datent de 1395, de 1525, de 1553 et sont jugés en sa défaveur par le règlement de 1587 que M. Saint-Guily invoque bien à tort en jouant sur les mots, et surtout par l'arrêt du Conseil d'Etat du roi, du 12 décembre 1739, qui, après examen *de tous faits antérieurs*, tranche formellement la question en établissant que la Fontaine n'est pas un bien appartenant à la *communauté*, mais seulement à un certain nombre de familles domiciliées dans la ville.

La Fontaine ne doit donc, ni en vertu de la tradition, ni en vertu des règlements, ni au point de vue du droit et de la justice, être assimilée à une propriété communale.

Au point de vue du droit et de la justice, on ne peut pas dépouiller des familles qui jouissent, par droit de succession, d'une possession qui se perd dans la nuit des temps, possession dont le caractère a été nettement déterminé par l'arrêt de 1739 que nous avons cité.

On les dépouillerait si on employait les revenus de la Fontaine pour des dépenses communales, ou pour tout autre dépense qui ne se rapporterait pas spécialement à la Fontaine.

Veut-on que ce genre de propriété constitue une anomalie dans notre droit public? Je n'ai pas à me prononcer sur ce point.

Ce qu'il y a de certain, c'est que l'on se trouve devant un fait respecté par tous les gouvernements qui se sont succédé, qui a pour lui la consécration des siècles et contre lesquels les arguties de M. Saint-Guily et consorts feront l'effet des dents du serpent sur la lime d'acier.

Selon moi, il n'est qu'un moyen conforme à la justice pour le faire disparaître.

M. Saint-Guily prétend qu'il n'y a que le sixième des Part-prenants qui soit pauvre. Qu'il emploie son éloquence hétéroclite à persuader non aux cinq sixièmes, ce n'est pas nécessaire, mais aux trois sixièmes de faire le sacrifice de ses droits ; qu'il donne lui-même l'exemple ; alors il sera facile de communaliser la Fontaine en indemnisant ceux qui ne peuvent pas faire l'abandon d'un héritage qu'ils tiennent de leurs aïeux et qui vaut mieux pour eux assurément que ces perspectives irréalisables qui hantent toujours le cerveau de M. Pierre Saint-Guily.

En attendant, prendre sur la Fontaine un centime pour une dépense qui ne profiterait pas uniquement aux Part-prenants, prendre un centime pour les besoins de la commune, c'est, je le répète, une spoliation dont souffrent les pauvres en grande majorité ; — c'est créer des précédents fâcheux dont on se prévaudra plus tard, si les intéressés n'y avisent, et laissent faire.

En présence des dépenses que les procès ont occasionnées et des conséquences fâcheuses qu'ils auront, et dont vous ne connaissez pas encore le dernier mot, Messieurs les Part-prenants, on conçoit, lorsqu'on est imprégné de l'audace d'un Pierre Saint-Guily, qu'on veuille rejeter sur autrui le fardeau des iniquités que l'on a commises. Les efforts de M. Pierre Saint-Guily seront vains.

Ils ne pourront abuser que ceux qui ne voudront pas absolument ouvrir les yeux à la lumière.

Comme je ne saurais trop le répéter, n'y eût-il que ce projet de ransaction débattu en présence de M. le Sous-Préfet d'Orthez et des personnes les plus honorables de la ville, projet accepté d'abord, puis rejeté par M. Saint-Guily, au grand étonnement des personnes qui pouvaient encore croire à sa bonne foi, n'y eût-il que ce projet, il suffirait pour anéantir toutes les assertions fausses et déloyales de M. Saint-Guily.

D'après cette transaction, M. Saint-Guily avait la faculté d'arranger et de disposer l'usine à son gré, moyennant l'argent affecté par les experts aux réparations. Il y avait cette clause essentielle qu'il lui serait payé, en fin de bail, les sommes qu'il dépenserait en plus, soit en constructions neuves, soit en perfectionnements utiles à la production saligère.

Il est évident que cette transaction enlevait à M. Saint-Guily tout prétexte à procès, puisqu'elle lui donnait tout ce qu'il pouvait désirer.

Mais, en entrant chez nous, M. Saint-Guily avait dû faire un rêve que cette transaction ne réalisait pas.

Avant de traiter, dût-il se dire, ne soufflons pas un mot du mauvais état de l'usine. Cela pourrait éveiller l'attention de ces messieurs. Cette usine en mauvais état sera pour moi une source de dommages-intérêts. Les Part-prenants deviendront bien fins s'ils ne me paient pas ceci, s'ils ne me paient pas cela. Puis, ils n'échapperont pas à la résiliation qui, prononcée par les Tribunaux à la faveur des circonstances que je ferai naître, arrangera d'un coup ma fortune.

Pour l'accomplissement du rêve, il fallait des procès à M. Pierre Saint-Guily. C'est pour cela, évidemment, qu'il a refusé d'adhérer aux conventions qui les transigeaient.

A cette époque, il avait les profits de la fabrique sans en payer le fermage, il gardait votre argent, sans en faire les intérêts. C'était fort agréable pour lui. Mais, tandis qu'il était sur un lit de roses vous étiez sur un lit d'épines, Messieurs les Part-prenants. C'était une situation d'où il fallait sortir. Par exploit signé des membres de l'administration, de Messieurs Dupourqué, notaire, Docteur de Larroque, Saint-Gaudens jeune, Darricadès Firmin, Morlanne Nin, membres de l'assemblée des notables, nous l'appelâmes devant le

Tribunal d'Orthez pour le mettre en demeure d'adhérer au rapport des experts Levy, Darnaudet et Palàa, et d'exécuter les réparations formulées dans ce rapport, sinon de nous les laisser exécuter. Eh bien ! M. Saint-Guily qui ose écrire que *nous ne voulions rien faire ni rien laisser faire* ; que nous avions *défendu aux experts de lui donner aucune instruction en vue de l'exécution des travaux*, M. Saint-Guily a versé des flots d'encre pour combattre, jusque devant la Cour, le rapport des experts et pour demander une autre expertise qui aurait indéfiniment reculé toute solution. M. Saint-Guily qui, à deux reprises, avait obtenu du Tribunal, *sur sa demande*, de se substituer aux bailleurs ; qu'aucun obstacle de notre part ne pouvait arrêter, comme l'ont très-bien expliqué les juges d'Orthez, et comme il est faux qu'à cet égard la Cour ait infirmé leur dire, M. Saint-Guily nous répond : Non, je ne veux pas mettre la main à l'œuvre, ni vous l'y laisser mettre, en vous donnant votre argent, vous en avez perdu *le droit en vertu du jugement du 29 juin* 1870 *qui confie aux exposants seuls, sous la direction de l'expert, l'exécution de tous travaux à opérer* (1). Lorsque nous lui disons : Eh bien ! usez de l'autorisation que vous avez demandée au Tribunal et que le Tribunal vous a accordée, il nous répond encore : Cette autorisation n'est qu'une faculté et non une obligation. C'est vous, bailleur que la loi oblige. On voit le piège qu'il nous avait tendu, le cercle dans lequel il nous avait habilement et artificieusement renfermé.

Après cela, il ose soutenir qu'il a été empêché par notre mauvais vouloir, et à cet égard, il cite des faits qui sont antérieurs à l'arrangement qui avait été conclu devant M. le Sous-Préfet et les avoués d'Orthez, et qui, par conséquent, eussent-ils eu quelque valeur, (ce qui n'était pas, comme l'ont dit les juges d'Orthez), s'évanouissaient devant cet arrangement.

Il croit mettre le sceau à sa justification en s'abritant toujours derrière l'appel du jugement de 1870. Or, il savait que cet appel était tardif ; et puis, après nous en être désisté en avril 1871, il avait obtenu de nouveau du Tribunal, en juillet 1872, une nouvelle autorisation de faire les travaux à nos frais.

Le seul motif plausible d'abstention était l'appel du jugement de 1870. Mais qui avait empêché M. Saint-Guily de mettre la main à

---

(1) Extrait textuellement de ses conclusions.

l'œuvre avant cet appel ? Qui l'empêchait de l'y mettre après le désistement ? Sont-ce les toiles d'araignée, je le répète, qu'on aurait tendues devant lui ? Qui sera assez naïf pour le croire ? Qui ne verra dans toute cette affaire le jeu et la mauvaise foi de M. Saint-Guily ?

Pendant ces débats, l'usine menaçant de s'écrouler, la vie d'une cinquantaine de pères de famille était gravement exposée ; c'était M. Pierre Saint-Guily qui le criait sur tous les toits, et M. Pierre Saint-Guily qui avait la faculté de prévenir un évènement aussi grave, ne le faisait pas et ne voulait pas nous le laisser faire.

Bien plus, il s'opposait à l'homologation du rapport des experts, de sorte que, quand nous aurions pu nous procurer par ailleurs, l'argent qu'il nous refusait, nous aurions dû nous abstenir de mettre la main à l'œuvre, ne sachant pas si nos travaux seraient approuvés et ayant à redouter, à leur sujet, les querelles de notre implacable et cupide fermier.

Pendant ce temps-là, on faisait subir aux magasins, comme cela ressort des dépositions des employés de la régie, des charges inaccoutumées ; et, lorsque, effrayé du surcroît de ces charges sur des bâtiments dont on prédisait la chûte sur les ouvriers de l'usine, j'envoyais des charpentiers pour mettre des étais, là où il y avait quelque apparence de péril, M. Pierre Saint-Guily les renvoyait (1).

Ainsi, tout était sacrifié au but qui pouvait amener la résiliation et votre ruine, Messieurs les Part-prenants.

La campagne, pour atteindre ce but, avait été admirablement conduite. Mais une faute commise par M. Saint-Guily lui en a fait perdre les fruits qu'il en attendait.

Entraîné par l'amour de la phrase, il s'est laissé aller, dans les écrits échangés entre nous, à des aveux dont nous avons heureusement profité pour éclairer la religion de nos juges. La résiliation n'a pas été prononcée.

Nous sommes sortis bien blessés, comme je vous l'ai dit ailleurs, des piéges qui nous avaient été habilement tendus, mais nous en sommes sortis la vie sauve.

Si nous avions perdu notre dernier procès, c'en était fait de votre Fontaine, MM. les Part-prenants.

(1) S'informer auprès de M. Justin Domecq, maître charpentier.

Vous restiez sans crédit, sans ressources pour faire face aux charges qui vous auraient accablés.

Quelques oiseaux de proie qui la convoitent, cette pauvre Fontaine, étaient tout prêts à s'abattre sur elle.

Avoir si bien manœuvré dès le début, faire naufrage au port par une fausse manœuvre, c'est dur.

M. Pierre Saint-Guily ne peut pas s'en consoler, et il s'en prend à moi, non sans quelque raison, car je n'ai rien épargné, Messieurs, ainsi que le plus grand nombre des membres de mon administration, pour vous tirer de ses griffes.

Le dépit de voir sa proie lui échapper a rendu M. Pierre Saint-Guily Pomiéphobe.

En véritable enragé, il se rue sur ma personne, il m'attaque de toutes les façons ; il m'accuse de tout à tort et à travers, comme vous l'avez vu surtout dans son dernier libelle, sans se soucier de donner à ses accusations une couleur de vraisemblance, n'obéissant qu'à la passion qui le domine et qui l'aveugle.

Il ne sent pas, l'insensé, que la meilleure preuve qu'il puisse donner de ses torts à ceux qui ne me connaissent pas, c'est la violence et l'incohérence de son langage ;

Que la meilleure preuve qu'il puisse vous donner des services que j'ai pu vous rendre, c'est la haine dont il me poursuit et l'esprit de vengeance qui s'exhale sans pudeur de chacun de ses mots.

Dans son égarement, il ne recule devant aucune incrimination, quelque ridicule, quelque sotte qu'elle soit. Ainsi le voilà qui m'adresse dans un style *sui generis* cette tirade :

« Et ce tableau (le lire dans son libelle) n'est autre que le ta-
« bleau véridique des tentatives avortées d'un ambitieux vulgaire,
« qui, ne pouvant s'élever assez haut pour dominer la foule en
« laissant à chacun sa libre expansion, n'a trouvé dans la généro-
« sité de ses sentiments de meilleur expédient à employer pour
« atteindre son but que celui qu'il a vainement tenté, celui de
« parquer dans la fange, au-dessous de lui, toute une population
« dont il disait vouloir être le libérateur. »

Pour enlever à chacun sa libre expansion, *pour parquer la population dans la fange au-dessous* de moi, pour atteindre mon but, j'aurais :

1° Poursuivi la résiliation du bail pour mettre à ma disposition les moyens d'action de la saline.

Or, tous mes efforts n'ont tendu qu'à empêcher cette résiliation au vu et au su de tout le monde.

Et, quant à ces moyens d'action, la meilleure façon de me les procurer, eût été de servir les intérêts de M. Saint-Guily plutôt que les vôtres. Alors, il m'eût été tout dévoué, au lieu de m'être tout à fait hostile.

2° *J'aurais employé tous mes efforts pour empêcher que la propriété n'acquit de plus value par les créations utiles*, etc.

M. Pierre Saint-Guily est l'homme aux châteaux en Espagne. — Son cerveau toujours en travail a voulu en bâtir chez nous. Ainsi entr'autres conceptions, il nous a proposé une entreprise pour laquelle il n'a, que nous sachions, absolument aucune compétence : il voulait extraire de nos eaux des produits chimiques. Il a fait des propositions dans ce but à l'administration et à l'assemblée des notables. Ai-je combattu ces projets? Non, je me suis abstenu. — C'est l'assemblée des notables, à l'unanimité des suffrages, qui les a rejetés.

L'assemblée des notables a laissé toute liberté à M. Saint-Guily ; elle lui a dit : L'eau salée vous appartient ; faites en ce que vous voudrez ; cela ne nous regarde pas. Mais nous ne voulons pas nous associer à vos projets ni accepter des propositions au bout desquelles il y a toujours une demande en autorisation de retirer votre cautionnement de 30 mille fr. qui nous garantit le paiement du prix de ferme. — Est-ce ma faute si le gros bon sens des Part-prenants a flairé un danger dans les propositions Saint-Guily sans pouvoir y entrevoir un avantage ?

3° *Je me suis opposé sans motif avouable ainsi que mon fils, conseiller général, à la confection du chemin d'Oràas qui aurait valu aux ouvriers de la contrée 40 mille fr. de salaires.*

Entendez-vous bien, Messieurs les Part-prenants, *sans motif avouable !* Or, vous aviez déjà dépensé pour ce chemin bien inutilement 4,100 fr., et on voulait vous en faire dépenser autant chaque année. — Pauvre Fontaine ! pauvre vache à lait ! Le trésorier-général avait même été autorisé à exercer des poursuites contre la corporation pour le paiement de 4,100 fr. pour chacune des années 1869 et 1870. — Le maire d'alors fit faire opposition aux poursuites et rétablit la vérité aux yeux du Préfet, dont on avait trompé la religion, sur les obligations de la corporation qui consistaient non à payer 4,100 fr. par an, mais 4,100 fr. une fois payés et que vous aviez déjà payés, puis 715 fr. par an pour l'entretien du chemin dès qu'il serait viable. — Ce chemin ayant été déclaré inutile à la suite d'une enquête, il fallait évidemment y renoncer comme chemin d'intérêt commun, pour ne pas vous exposer à payer inutilement 715 fr. par an. C'est ce qu'avait fait avant moi le conseil municipal qui avait à employer plus fructueusement ailleurs son contingent annuel, en septembre 1865, avant que M. Saint-Guily ne fût fermier; c'est-ce qu'avait fait la commission administrative en octobre 1869. — Ainsi mon crime est de vous avoir délivré d'une prestation inutile, et ce crime là, je l'ai commis *pour parquer la foule dans la fange, au-dessous moi.* Comprendra qui pourra.

4º *L'opposition obstinée*, oui c'est bien obstinée qu'il y a, *l'op-
« position obstinée du docteur Pomier à l'établissement et à l'ex-
« tension de l'une des branches de cette régénération de l'industrie
« locale qui depuis quelque temps cherche vainement son assiette
« à Salies, et qui consiste en l'application en bains des principes
« médicamenteux si puissants que renferment les eaux salées ;
« branche dont l'importance est déjà considérable, puisque son
« apport à la circulation locale égale à peu près le produit des
« vignobles, dépasse 300 mille fr. par an, et donne lieu à des
« transactions et du travail à la portée de tout le monde..... et
« qui, pour l'avenir, peut être le cause d'une circulation de capi-
« taux plus considérables encore en travaux, fournitures, services
« divers, etc.* » Et voilà l'imagination qui galoppe.

Quand, comment, en quoi, me suis-je opposé, grand Dieu ! à l'extension de cette industrie locale qui cherche vainement son assiette à Salies? — Vainement, est-ce le mot? Puisque le revenu de cette industrie donne déjà plus de 300,000 fr. par an, il me semble qu'elle est dans une meilleure assiette que l'esprit de M. Saint-Guily, qui se complait à voir des oppositions là où il n'y en a jamais eu et qui trouve dans ces oppositions un moyen de parquer la foule dans la fange au-dessous moi.

Il n'est pas toujours facile de saisir la pensée de M. Saint-Guily au milieu du flux désordonné de ses paroles. Nous parle-t-il ici seulement des eaux-mères? Si cela est, il n'est en mon pouvoir ni au pouvoir de personne de mettre obstacle au travail, aux transactions, à la circulation des capitaux auxquels elles peuvent donner lieu.

M. Saint-Guily a la libre disposition de ces eaux-mères, comme de l'eau salée ; nul ne peut l'empêcher d'en faire tel emploi qu'il lui plaira, ni d'en tirer tous les avantages possibles Me reprocherait-il de ne pas en faire un usage exclusif pour bains? Mais pourquoi à moi, plutôt qu'à M. de Larroque et aux autres médecins? — Ferait-il allusion aux bains d'eau salée? Ce serait trop fort! N'est-ce pas lui qui en a augmenté le prix de manière à les rendre inaccessibles aux bourses moyennes? N'est-ce pas lui qui laisse tout péricliter à l'établissement, qui semble tout faire pour dégoûter et éloigner les étrangers? Mais l'état déplorable dans lequel tout est tenu par sa volonté ou sa faute est un fait de notoriété publique à Salies.

5° « *N'est-ce pas par le même motif* (toujours celui de parquer
« dans la fange au-dessous de moi toute une population, notez
« bien cela) ; n'est-ce pas *par le même motif que le docteur Po-*
« *mier*, dit M. Saint-Guily, *craignant que sa station balnéaire ne*
« *prenne trop d'extension, n'apporte trop de capitaux dans les*
« *villes et n'émancipe la population, a cherché par tous les moyens*
« *en son pouvoir à empêcher l'application d'une source nouvelle :*
« *la source de Carsalade, soit en défendant, pendant sa mairie,*
« *l'arrangement du chemin qui y conduit, aux frais des proprié-*
« *taires de la source, soit en discréditant l'eau avant d'en con-*
« *naître la composition ni les effets, soit en persévérant dans cette*
« *voie malgré la composition si remarquable qu'a indiquée l'ana-*
« *lyse, malgré les résultats merveilleux de son application*, etc.,
« etc. »

M. Saint-Guily altèrera donc toujours la vérité ! Comment ne s'aperçoit-il pas qu'en alléguant des faits notoirement faux, il se perd dans l'esprit public? Comment ose-t-il dire que je lui ai refusé d'arranger à ses frais le chemin de Carsalade, quand tout le Conseil municipal est là pour attester le contraire, quand il ne peut pas citer une seule ligne de notre correspondance à ce sujet à l'appui de son allégation, à moins qu'il ne la tronque?

Il est faux que je me sois jamais préoccupé de la source de Carsalade en tant que source médicale.

Voulant sans doute détourner la source d'eau salée du Bayàa pour vous créer des embarras et vous ruiner à coup sûr, Messieurs les Part-prenants, M. Saint-Guily a creusé un puits dans un champ appelé *Car salade, Chair salée*. Cette étimologie avait probablement décidé cet esprit sérieux à choisir ce lieu pour chercher, d'après un document de la Préfecture, le sel gemme ou l'eau salée.

M. Saint-Guily n'a heureusement rencontré ni l'un ni l'autre.

Vous avez tous entendu dire, Messieurs, qu'il avait trouvé du pétrole, puisque l'eau saponifiait les alcalis.

Qu'était-ce que le pétrole ? Qu'était-ce que cette propriété de l'eau sur les alcalis ?

Le pétrole s'est trouvé être l'huile et le corps gras dont on se servait pour graisser les instruments de perforation du sol ?

Le savon produit avec cette eau s'est trouvé provenir de la combinaison de ces mêmes corps gras avec un alcali.

Lorsqu'un esprit aussi léger, aussi chimérique, vient vous dire que tout à coup cette eau avait acquis des propriétés thérapeutiques qui tenaient du merveilleux, fallait-il le croire sur parole ? On affirmait que cette eau guérissait la goutte, etc., fallait-il le croire et la prescrire aux goutteux ? Poser cette question aux médecins, c'est la résoudre par la négative.

Un médecin ne se décide ordinairement à prescrire telle ou telle eau que lorsque la tradition lui a appris qu'elle était bonne pour telle ou telle maladie, ou lorsqu'une analyse digne de foi lui a indiqué les principes minéralisateurs de cette eau.

Ici pas de tradition. C'est du jour au lendemain que cette eau devient une panacée ; — pas un seul fait publié dans un journal médical et qui ait reçu la critique et la sanction scientifique.

Ici, pas d'analyse revêtue d'une signature faisant autorité en cette matière.

M. Garrigou était connu de M. Saint-Guily. Pourquoi ne s'est-il pas adressé à ce savant pour analyser l'eau de Carsalade. Pourquoi ne s'y adresse-t-il pas encore ? Et pourquoi enfin M. Saint-Guily ne fait-il pas approuver l'analyse qui indique la *composition si remarquable* de son eau par l'Académie de Médecine ? C'est alors qu'on n'aura pas de raison pour ne pas croire *à sa composition si remarquable*.

Tous les médecins jusqu'à ce moment s'abstiendront, comme s'est abstenu le conseil d'hygiène d'Orthez, comme s'abstiendront toutes les personnes non sujettes à un engouement sans fondement.

Je ne voulais répondre principalement qu'à l'accusation d'avoir enlevé des feuillets d'un livre comptable ; d'avoir parlé de rapports qui n'existaient pas ; je me suis laissé entraîner. Je ne veux plus m'égarer dans ce labyrinthe d'accusations plus extravagantes et plus audacieuses les unes que les autres. Persuadé qu'aucune de celles que j'ai laissées sans réponse ne trouvera crédit auprès de vous ; je ne m'y arrête pas.

M. Saint-Guily prétend avoir tout prouvé, il n'a prouvé évidemment qu'une chose : c'est qu'il a altéré la vérité en tous points. C'est qu'il est animé à mon égard d'un sentiment de haine qui lui enlève la conscience de ses actes et tout souci de sa dignité.

Si jamais le calme revient dans ses esprits, il regrettera probablement d'avoir suscité une polémique où il a montré si peu de franchise, si peu de loyauté, si peu de convenance, et où tout tourne à son désavantage et contre son but. Dans son vertige, il répliquera encore. Je m'attends à un nouveau déchaînement d'insultes et à une nouvelle édition d'infamies. Cette fois-ci, elles seront accueillies par un profond dédain et un profond silence. Il ne dépendra plus de M. Saint-Guily de me faire perdre, comme je l'ai dit ailleurs, ni une minute de mon temps, ni une goutte de mon encre. Si tous les honnêtes gens sont exposés à recevoir des grossièretés et des avanies d'individus qui ne savent pas se respecter, il faut au moins que les honnêtes gens sachent assez se respecter eux-mêmes pour les mépriser et ne pas y répondre.

C'est la conduite que je tiendrai irrévocablement à l'égard de M. Pierre Saint-Guily. Je ne sortirai de mon impassibilité qu'autant que M. Saint-Guily acceptera le défi que je lui porte de prouver devant un jury d'honneur ou devant toute autre juridiction, que, sous mon administration, il ait été détourné un centime de l'argent provenant de la liquidation Pécaut, ou qu'il manque par notre fait une valeur quelconque de cette liquidation. Il ne suffit pas de dire qu'il y a un déficit, c'est-à-dire que toutes les créances n'ont pas été recouvrées, — cette sorte de déficit représentée par des créances véreuses, personne ne la nie, — sa quotité quelle qu'elle soit ne fait rien à l'affaire ; la question est de savoir si ce déficit provient du détournement d'une valeur quelconque. Sous ce rapport, je réponds non-seulement de la pureté de mon administration, mais encore de celle de l'administration qui m'a précédé. — Vous savez, Messieurs les Part-prenants, dans quelles conditions je me suis trouvé pour faire rentrer ces créances : la guerre, les difficultés soulevées par M. Pierre Saint-Guily, le défaut d'argent pour faire des tentatives qui paraissaient infructueuses à tous, tout m'empêchait de m'occuper de cette affaire; — mais rien n'est compromis; — s'il y a quelque créance solvable, on peut encore la recouvrer, qu'on essaie. Puisque c'est au maire qu'on s'en prend, que le maire actuel qui peut compter sur le concours de M. Saint-Guily, lequel connait tous nos débiteurs avec qui il est très probablement resté en relations d'affaires, que le maire actuel qui a des loisirs que je n'avais pas, et des ressources qui me manquaient, tâche d'être plus heureux que moi. S'il manque quelque valeur, c'est à lui de le dire et de la rechercher, afin qu'un nouveau Saint-Guily, si sa mauvaise étoile le met sur son chemin, ne vienne pas lui chercher noise.

En finissant, Messieurs les Part-prenants, je tiens à vous répéter que j'ai trouvé la situation la plus difficile et la plus embrouillée et que je vous ai laissé une situation nette.

Je vous ai laissé en caisse le 26 février 1874, jour de ma sortie, 56,001 fr. 37 c.

Et, pour parer à toutes les éventualités des répartitions et des dommages-intérêts, 80,000 fr. à la caisse des dépôts et consignations.

Si ce n'est pas, qu'on le dise.

C'est un résultat dont vous devez vous féliciter, si vous songez au danger sérieux que vous avez couru de perdre tout à fait votre Fontaine ou tout au moins d'être privés du compte d'eau salée pendant de longues années. Mon dévouement à vos intérêts m'a valu des animosités dont M. Pierre Saint-Guily vous donne un triste exemple dans ses écrits. Je m'en console facilement en pensant au bien que j'ai pu vous faire avec le concours des membres de mon administration, dont les noms figurent dans cet écrit.

Vous avez vu dans le libelle Saint-Guily les tendances qui veulent se faire jour au sujet de votre propriété. Cette discussion ne sera pas stérile pour vous, et je ne regretterai pas, malgré l'ennui et le dégoût qu'elle m'a inspirés, de m'y être engagé, si vous savez en retirer un profit.

Vous l'obtiendrez, ce profit, si, en présence de ces tendances, vous sentez la nécessité de veiller à vos propres affaires. N'oubliez jamais ce proverbe : Aide-toi, le ciel t'aidera.

A bon entendeur, salut.

Dr H. POMIER,

Ancien maire, ex-président de la commission administrative de la Fontaine salée.

Salies, octobre 1874.

www.ingramcontent.com/pod-product-compliance
Lightning Source LLC
Chambersburg PA
CBHW060500050426

42451CB00009B/740